爱上地理课

AISHANG DILIKE

美国最大的州·阿拉斯加

MEIGUO ZUIDA DE ZHOU · ALASIJIA

知识达人 编著

成都地图出版社

图书在版编目（CIP）数据

美国最大的州：阿拉斯加 / 知识达人编著 . —— 成
都：成都地图出版社，2017.1（2021.10 重印）
（爱上地理课）
ISBN 978-7-5557-0423-2

Ⅰ . ①美… Ⅱ . ①知… Ⅲ . ①阿拉斯加—概况 Ⅳ .
① K971.2

中国版本图书馆 CIP 数据核字 (2016) 第 208419 号

爱上地理课——美国最大的州 · 阿拉斯加

责任编辑：张　忠
封面设计：纸上魔方

出版发行：成都地图出版社
地　　址：成都市龙泉驿区建设路 2 号
邮政编码：610100

印　　刷：唐山富达印务有限公司
（如发现印装质量问题，影响阅读，请与印刷厂商联系调换）

开　　本：710mm×1000mm　1/16	
印　　张：8	字　　数：160 千字
版　　次：2017 年 1 月第 1 版	印　　次：2021 年 10 月第 4 次印刷
书　　号：ISBN 978-7-5557-0423-2	
定　　价：38.00 元	

主人公简介

卡尔大叔：华裔美国人，幽默风趣、富有超人智慧，爱好旅游，喜欢考察世界各地的人文、地理、动植物。

尤丝小姐：华裔美国人，卡尔大叔的助理，细心、文雅。

史小龙：聪明、顽皮、思维敏捷、总是会有些奇思妙想，喜欢旅游。

主人公简介

帅帅：喜欢旅行的小男孩，对探索未知充满兴趣。

秀芬：乖巧、天真，偶尔耍耍小性子的女孩，很喜欢提问题。

目录

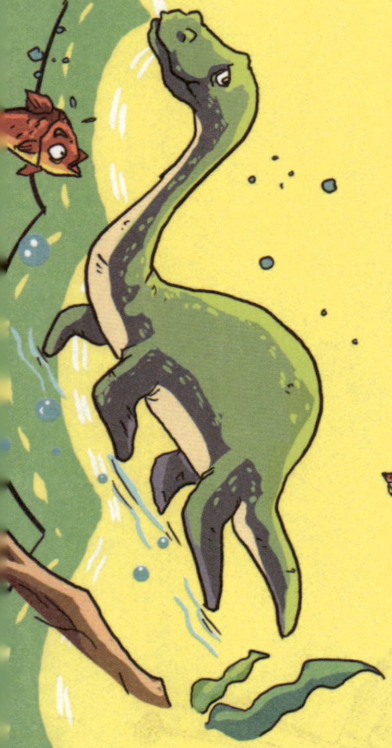

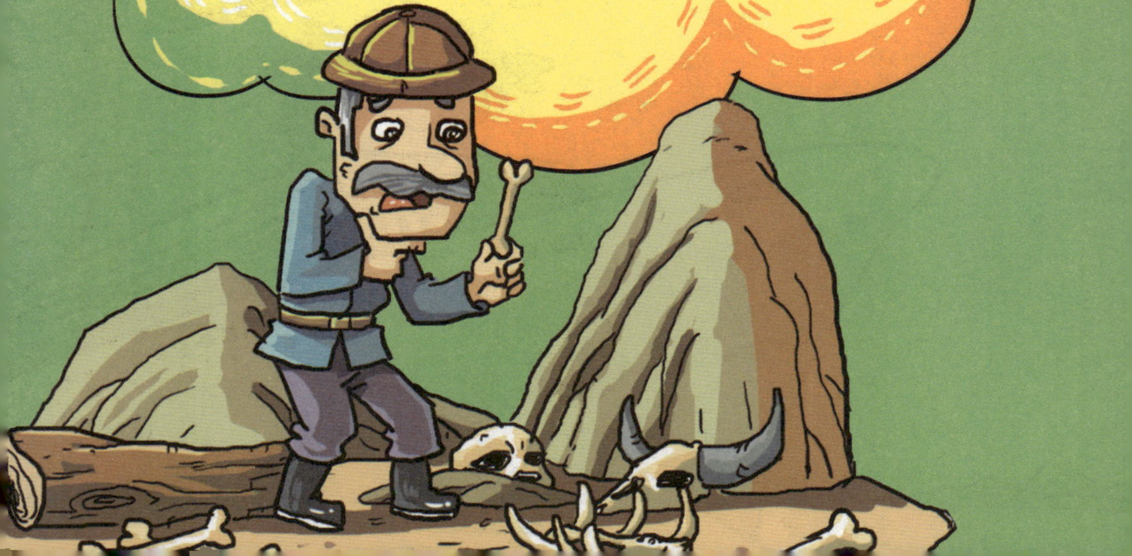

第1章

午夜阳光之地

1

"水晶般的冰川，高耸入云的雪山……"史小龙翻看着一本旅游杂志，杂志上的画面美得让他直流口水，这个地方，正是他向往已久的美国阿拉斯加。

"这是美国的阿拉斯加？"帅帅也饶有兴致地探过头来。

"你知道阿拉斯加州？"史小龙故意引出话题。

"当然知道，阿拉斯加是美国的第49个州，也是美国最大的州，有'最后的边疆'以及'午夜阳光之地'的称号。"帅帅对答如流。

史小龙点了点头，装出一脸困惑的样子，指着杂志问帅帅："奇怪，阿拉斯加到处都是冰川，为什么被称为'午夜阳光之地'呢？"

"因为它的纬度很高，有很长的极昼现象。"帅帅抱着胳膊，得意地回答。

"什么是极昼呢？"秀芬放下了手中的魔方，加入了他们的讨论。

帅帅挠了挠头，支支吾吾地说："极昼啊？就是一年中有一段时间，太阳整天挂在天上，不落下去。"说完这句话，他的额头满是细碎的汗珠。

　　"可是，太阳为什么不落呢？"秀芬听了帅帅的话，好奇地继续追问起来，打破沙锅问到底是她一贯的作风。

　　这个问题把帅帅和史小龙都难倒了，他们绞尽脑汁，怎么也想不出答案。帅帅努力地想了想说："我们还是去请教卡尔大叔吧！"

　　一走进卡尔大叔的实验室，帅帅就抢先提出了这个难题。卡尔大叔笑眯眯地看着三个求知若渴的小家伙说："太阳之所以不落，是因为出现了极昼现象。这种情况下，太阳整天都会处在地平线上，24小时不落，当地就只有白天，没有黑夜了……"

　　"啊？那太可怕了！"卡尔大叔的话还没说完，秀芬就捂着嘴惊叫了起来。

　　尤丝小姐拍了拍秀芬的肩膀，安慰道："别担心，极昼和极夜天气只出现在南极圈和北极圈内，其他地方可不会出现。小龙，你来给大家解释一下这种现象的成因吧。"

　　史小龙早有准备，他得意地指着桌子上的一个地球仪说："你们看，地球在沿着椭圆形轨道绕着太阳公转的同时，还会以地轴为中心自转。地球在公转的时候，两极中必定会有一极朝向太阳。朝向太阳这一面就会出现极昼，而背着太阳的一面，则会出现极夜。"

史小龙说着，拿出了一个手电筒照向地球仪，另一只手转动着地球仪，秀芬在他演示了几遍后，终于豁然开朗："这么说，当北极圈出现极昼的时候，南极圈就会出现极夜？"

卡尔大叔微笑着点了点头。

"是不是也可以说，处在夏季的半球出现极昼时，处在冬季的半球就会出现极夜？"帅帅也不甘落后地问。

"孺子可教。"卡尔大叔微笑着竖起了大拇指。

"卡尔大叔，阿拉斯加能看到极昼现象的地方很多吗？"秀芬问。

"阿拉斯加的纬度很高，大约 1/3 地区都处于北极圈内，这些地区都有极昼和极夜现象。当然最著名的要属白令海地区，

从每年的 5 月 10 日开始，那里的太阳在 3 个月内都不会落下；到了每年 11 月日落之后，又有长达 2 个月时间，天空不会出现太阳。所以它又叫'午夜阳光之地'。这可是一个神奇又美丽的地方，我正打算去阿拉斯加探险呢！"一说起阿拉斯加，卡尔大叔就口若悬河。

"带我们一起去吧。"史小龙早就等着卡尔大叔这句话了，不失时机地发出了请求。帅帅和秀芬也异口同声地说："卡尔大叔，也带我们一起去吧！"

卡尔大叔摸了摸胡子，笑着对史小龙说："我早就知道你的鬼心眼了，不过，你知道阿拉斯加的地理位置吗？那儿的条件可是十分艰苦的哦！"

史小龙胸有成竹地说："阿拉斯加东边是加拿大的育空地区，南边是阿拉斯加湾，西区与俄罗斯隔海相望，北边是

北冰洋。阿拉斯加的纬度高，那里有很多冰川，地理和气候条件都很恶劣，但景色却美不胜收。在那里，你们还能看到闻名全世界的阿拉斯加雪橇犬，它们非常美丽、可爱。总之，去阿拉斯加探险可是一次'痛并快乐着'的旅行。卡尔大叔，我说的对吗？"

卡尔大叔满意地点了点头说："看来你对阿拉斯加'垂涎已久'啊，功课做得很充足，既然如此，大家都赶紧回去准备吧！"

"哦耶！"史小龙第一个冲出了实验室，他的"奸计"终于得逞了。

第2章

奇怪的首府

7

"前往安克雷奇的国际航班马上就要起飞了，请各位旅客抓紧时间登机……"在机场的候机厅里，响起了催促旅客登机的广播。

卡尔大叔率先拖着行李踏入了登机口。这时，秀芬一把拉住了他的衣袖，指着手中的一张地图问："我们不是先去阿拉斯加的首府朱诺吗？怎么坐的是去安克雷奇的飞机？"她眨着大眼睛，一副疑惑不解的样子。

登机口的检票员被秀芬认真的样子逗得"噗嗤"一声笑了出来。

卡尔大叔一边把行李放进安检通道，一边解释说："前往阿拉斯加的国际航班可到不了朱诺哦！"

"可是朱诺是阿拉斯加的首府啊！一般来说，一个地区的首府不仅是这个地区的政治、经济、文化中心，还是交通枢纽。难道朱诺不是吗？"秀芬对这件事心存疑惑，提出的问题也是一针见血。

"朱诺只是阿拉斯加的行政中心，但那里的交通并不发达。安克雷奇才是阿拉斯加的交通枢纽，很多国际航班都在那里起降。"卡尔大叔言简意赅地解释道。他知道秀芬是个很难缠的小丫头，说

得越多，她冒出的问题也越多，要是不及时截住话头，她能问上一天一夜。可是即便如此，也没能挡住秀芬的下一个问题："在中国，首府除了是行政中心，不也是经济、文化，乃至交通最发达的城市吗？"

卡尔大叔一下子愣住了，不知道怎么回答才好。幸好尤丝小姐从后面跟了上来，她一边拉着秀芬登机，一边笑眯眯地说："看来你是把中国的省会城市和国外的首府搞混淆了。"

"很有可能。"史小龙装出一副小大人的样子，叉着腰，皱着眉，点点头说。

"那你给秀芬解释一下首府和省会的区别吧！"尤丝小姐知道史小龙又想卖弄学问，于是成人之美。

史小龙果然不客气地点了点头说："其实呢，在中国，省会就是一个省的经济、文化、政治中心，有可能还是交通枢纽城市。可是国外的首府却不同，国外的首府常指得是自治区的行政中心。阿拉斯加是美国的一个自治州，所以它的行政中心就叫首府。不过，

美国的首府和中国的省会可不一样。中国的省会一般都是该省最大的城市，阿拉斯加就不是。比如朱诺，它虽然是首府，其交通却不便利。而安克雷奇呢，不仅是阿拉斯加最大的城市，还是国际航运中心。这下你明白了吧？"

秀芬点了点头，可是马上又抬起头问："你能告诉我安克雷奇的地理位置吗？"秀芬还是一贯的求知若渴。

这个问题对早已做足准备的史小龙来说并不难，他转了转眼珠，流利地回答："安克雷奇是阿拉斯加的中南部城市，它是一个因为黄金而崛起的城市，它在阿拉斯加半岛、科迪亚克岛的东北边。它的面积很大，比美国的罗得岛州还要大呢！"

史小龙看着秀芬心悦诚服的样子，得意地扬起了下巴，谁都看得出来，他的意思是"还想问什么，尽管问吧"。秀芬果然不负众

望，再次提出了问题："既然朱诺的交通并不便利，而安克雷奇这方面的条件优越得多，那为什么阿拉斯加要把朱诺定为首府，却不把安克雷奇定为首府呢？"

"这，这个……"史小龙摸了摸下巴，红着脸说，"这个恐怕你得去问阿拉斯加的第一任州长大人了。"说完便迅速地溜走了。

秀芬一头雾水地跟着上了飞机，她只是喜欢问问题，并不打算打破沙锅问到底。帅帅却不一样，他翻阅着随身携带的一本旅游书籍，希望能查找到有关朱诺的信息。

这样一个交通不便的地方，是怎么成为首府的呢？这个问题一直纠缠着帅帅。所以，当所有人都在睡觉的时候，他依旧在勤奋地查找答案。

第3章

冰上的世外桃源

"你怎么还不睡觉？"一觉醒来，卡尔大叔发现帅帅依旧瞪着大眼睛在苦思冥想，便忍不住问道。

帅帅说出了自己的疑惑，并认真地看着卡尔大叔说："您能解释一下这是为什么吗？"

"想知道这个问题并不难，可是你得先告诉我朱诺的地理位置。"卡尔大叔故意想考帅帅，他觉得和这个爱较真的孩子聊天真有趣。

帅帅挠了挠头说："朱诺和安克雷奇一样，位于阿拉斯加的东南部，与道格拉斯海峡隔海相望。对吗？"

"非常正确。"卡尔大叔点了点头，接着讲起了朱诺市的发展史，"在1880年以前，朱诺市的所在地没有固定的居民，只有附近的土著常到道格拉斯海峡中捕鱼。而来自阿拉斯加另一座城市锡特卡的矿业工程师乔治·皮尔兹却想在这里寻找黄金矿，他便出重金聘用当地的部落酋长为

他寻找。部落酋长可威带领了一些人前往黄金溪地区寻找金矿，可是没有找到，无功而返。但部落酋长不甘心，他领着乔·朱诺、理察·哈里斯等人继续寻找金矿，终于在黄金溪的源头雪崩谷，找到大量的砂金矿。于是他们就在这里开采黄金。淘金人迅速多了起来，这里由一个营地发展成一个小镇。1881 年，这里开始建城，后来以一位建城者乔·朱诺的名字命名，之后又改名为朱诺。"

"可是这跟朱诺被定为首府有什么关系呢？"帅帅发现还是没有找到答案。

卡尔大叔笑了笑，继续说："起初，朱诺城并不是阿拉斯加的首府。阿拉斯加原本的首府是锡特卡，过去以捕鲸业与兽皮交易业为主，后来，那里因为资源枯竭，在经济上逐渐衰落。而朱诺因为有兴旺的采金业，成为一座朝阳城市，人口越来越多，各行各业都到这里来寻求发展，很快朱诺成为这一地区的经济中心。因此在 1906 年，阿拉斯加州首府便正式迁到朱诺城。"

"哦，原来是这样啊！我还以为和中国一样，最大的城市才有可能成为首府呢！"帅帅终于找到答案了，露出了天真的笑容。

"朱诺城其实也不小啊，在美国各州的首府里，它还是一座大城市呢。"卡尔大叔介绍说，"虽然现在朱诺城周边的金矿都逐渐因资源枯竭而关闭了，但是它依旧是个充满魅力的城市。门登霍尔冰川、滨河湾国家公园、金钟岛的棕熊、阿拉斯加博物馆，以及曾经的淘金之路，都有着独特的历史文化魅力！到阿拉斯加来玩的人，都要去参观这些地方！"

　　"哇，朱诺原来有这么多好玩的地方啊？"帅帅情不自禁地张大了嘴巴。

　　"可远远不止这些呢，你要亲自去看了，才知道它究竟有多美！"

　　卡尔大叔用煽情的语调激昂地介绍着朱诺，真让人怀疑他是不是收了旅行社的宣传费。

　　认真的帅帅却很快发现了另外一个问题，他疑惑地问："阿拉斯加一向被誉为冰雪国度，据说在首府朱诺的人们一年四季都见不到红花绿树，这是真的吗？"

　　卡尔大叔哈哈大笑着说："朱诺可不是一年四季都冰

封雪盖的，这里的大部分地区都是大陆性气候，南部是亚热带气候，到了夏季，还是绿树葱茏，繁花似锦呢！你可以想象，四周都被冰雪包围，中间的岛屿却鸟语花香，这是多么美丽的景象啊！"卡尔大叔说起来竟有些忘情，仿佛真的来到了朱诺。

帅帅也闭起眼睛想象着，他的头脑里立刻浮现出一个世外桃源。当他和卡尔大叔意犹未尽地睁开眼睛时，发现史小龙和秀芬正在看着他们，并且掩着嘴咻咻地偷笑着。

"我们什么时候能去朱诺呢？"史小龙和秀芬异口同声地问。

"这次又是你的鬼主意？"卡尔大叔如梦初醒。

"不是，不是。"史小龙摆了摆手说，"这次是我和秀芬两个人的主意，既然来了阿拉斯加，当然要看看淘金之路。"

"真是一个小鬼头。"卡尔大叔和帅帅听了，不禁笑了起来，"不过我们还是先到安克雷奇再说吧！"

淘金之路

　　从 1897 年到 1899 年这段时间，金矿的发展吸引了不少淘金者。数以万计的外来者涌进克朗代克河等金矿储存量很大的地区，阿拉斯加的斯卡圭也在这一时期成为淘金重镇。

　　当时通往斯卡圭的道路十分艰险，途中常有棕熊出没，所以很多淘金者面对凶险只能望而却步，只有那些有毅力不怕死的幸运儿才能克服重重困难，最终成为一个真正的淘金者。

第4章

突如其来的暴风雪

当飞机降落在安克雷奇国际机场时，正好是当地的午夜。卡尔大叔一行人走出机场，当即就被面前如梦似幻般的美景惊呆了。

一轮圆月挂在远处的冰山上，把冰山照得璀璨梦幻。两种银白色的光亮交相辉映，与山下城市的灯火相得益彰。夜色晶莹剔透，整个城市看起来就像一座水晶宫。尤丝小姐诗兴大发地感叹："真是琼楼玉宇，哪似人间啊！"

"这里确实像仙境一样，可是我快要被冻死了，现在可是3月份，春暖花开的季节，为什么这里这样冷呢？"史小龙虽然穿着很厚的羽绒服，可还是冻得牙齿"咯咯"打架。

卡尔大叔笑着从行李箱中抽出一件自己的衣服，递给史小龙说：
"我早就提醒过你，阿拉斯加的天气很冷，你却偏偏只按国内的标准
穿衣服，当然会冷得受不了啊！"

　　尤丝小姐也跟着说道："对啊，阿拉斯加的东南部与中南部是温
带气候，内陆地区是大陆性气候。冬季的时候十分寒冷，白天的最
低温度达到零下 15℃，夏季最高温度也不超过 26℃；而西部与西
南部，受海洋气候影响，虽然好一些，但也很寒冷，而且风很大。
这就是为什么我们要选择在春天来这里的原因了。如果在冬天，我
们只怕一走出机场，就会立刻变成冰棍了！"

　　卡尔大叔、史小龙和帅帅都被尤丝小姐的话逗笑了，只有秀芬
一脸严肃地问："那安克雷奇是大陆性气候还是温带气候呢？"

　　"这个嘛，我知道。"加了件衣服后，史小龙恢复了精力充沛的

状态，"因为安克雷奇的冬季比较漫长，夏季又十分短暂，在柯本气候分类法中，把安克雷奇划分成副极地气候。所以，现在虽然是3月，但是安克雷奇却比我们的冬季还冷得多。"

"那这里的夏天也这么冷吗？"秀芬好奇地问。

卡尔大叔点了点头说："安克雷奇的夏天比较温暖，不过和稍北的一些内陆地区相比，它的气温还是相对较低。当然，它也有高温的时候，比如在1953年6月25日，安克雷奇的气温曾达到33.3℃。"说着，几个人钻进了一辆出租车。

大家正聊着，本来月朗星稀的天空突然布满了层层雾霭，接着狂风大作，被风吹起的树叶把出租车打得劈啪作响。出租车司机猛踩油门，街上熙熙攘攘的人群也都慌乱地钻进了屋里，像是躲避一场灭顶之灾。

"你们来的真不是时候。"等红绿灯的时候，司机突然回过头说。

　　秀芬本来就很害怕，听了这话更加吃惊，哭丧着脸问卡尔大叔："卡尔大叔，难道是要发生海啸？"

　　"哈哈哈……"本来一脸严肃的卡尔大叔忍不住笑了起来，"在这里可不会发生海啸的，只不过，我们遇上暴风雪了。"

　　"暴风雪？可是刚刚还是月朗星稀的好天气呢，又不是夏天，天气怎么比秀芬的脸变得还快呢？"史小龙真觉得这样的天气有些不可理喻。

　　"昨天我查阅了一些资料，看到了有关暴风雪的知识。"帅帅说，"在阿拉斯加，有时候会下好几十厘米厚的雪，有时候则只下几厘米厚的雪，而且融化后会在地面上形成更危险的冰。"

说起天文地理，帅帅真是一点也不含糊，卡尔大叔露出赞许的笑容。

　　出租车司机诧异地回过头冲帅帅竖起了大拇指："你说的不错。很不幸，你们遇到了新一轮的暴风雪。"

　　"那我们该怎么办？"尤丝小姐有些慌张地问，她很担心会被困在暴风雪里。

　　"待在屋子里不出门，这是躲避暴风雪最好的办法。"出租车司机无奈地耸了耸肩膀。

安克雷奇最大暴风雪

安克雷奇的天气总是让人无法预料。有时冬季十分寒冷，会降大雪，而其他时候则只会降下少量的雪。而安克雷奇的夏季则短暂而温暖，属于副极地气候。

2002年3月17日这一天，安克雷奇降下历史上最大的一场雪——24小时内降雪72.6厘米，打破了安克雷奇自1955年以来24小时内降雪39.6厘米的记录。这场降雪使当地的学校在接下来的几天都处于关闭状态。

第5章

危险的雪人

第二天早晨，卡尔大叔还沉浸在温暖的睡梦中，帅帅就慌慌张张地闯进了房门："卡……卡尔……"他用双手撑住膝盖，大口大口地喘着粗气。

"怎么了，这样慌慌张张的？"卡尔大叔猛地从床上坐了起来，凭直觉，他知道一定发生了什么不太好的事情。

果然，帅帅喘了一会儿后，便急切地说出原因。原来，一大早醒来之后，他便发现睡在同一间房里的史小龙不见了，他起初以为史小龙去旅馆的大堂买早餐了，可是等了半个小时，依旧不见他回来。帅帅意识到这件事有些蹊跷，他找遍了整个旅馆，都不见史小龙的身影。后来，大堂经理告诉他，一大早就看到一个小男孩出门了。帅帅听到这个消息很着急，便立刻跑来向卡尔大叔报告。

"糟糕！"卡尔大叔听完帅帅的讲述，不禁惊呆了，"小龙真是个不知深浅的孩子，他根本不知道暴风雪有多危险！"

"暴风雪有什么危险？"帅帅疑惑地摸了摸脑袋，他只是为史小龙不知去向而着急，没想到他出门还有危险。

卡尔大叔一边穿衣服，一边解释道："这儿的积雪很厚，我们很难判断出深浅，史小龙要是掉进了雪里，就可能有生命危险。"

"这么吓人？"帅帅有些难以置信。

"当然危险。"卡尔大叔说，"暴风雪可不同于一般的降雪，狂风驱动的暴风雪可以引起很深的积雪，这样的积雪深浅不一，很危险。"

"可是，昨天晚上的风并不大啊！"帅帅呆头呆脑地说。

"并不是只有大风才能使雪堆积起来的，微风也能做到这一点。当没有风的时候，雪不会受到影响，就是垂直落下的，在这种情况下，降雪就相对均匀得多。当然，大多数时候，雪都是倾斜着降落。当雪遇到障碍物，微风并未减少多少能量，雪就会堆积。在有积雪的情况下，往往很容易发生安全事故。唉，这都怪我昨天没有给你们上堂安全课。"

卡尔大叔带着几个人走出酒店大门，帅帅本以为雪地上会留下脚印，可是雪地上白茫茫的，什么都没有。

"小龙会去哪儿呢？"秀芬实在想不出，这样的大雪天气，史小龙会出去干什么。

一起跟来的大堂经理鲍尔低头沉吟了片刻，眼睛一亮："我知道了，他很有可能去看'雪斯拉'了。"

"'雪斯拉'是什么？"秀芬问。

"'雪斯拉'是一个巨型雪人，这个雪人是两年前出现在市民鲍尔斯家后院的。这个雪人约有 7 米多高，比两层大楼还要高，而且每一年它都在'长高'。"鲍尔一边解释着，一边拿着一个雪铲清理道路。

"这么高的雪人，是谁堆的呢？"秀芬又问。

"大部分人认为这个雪人是鲍尔斯家的 7 个孩子堆砌出来的，但是鲍尔斯却并不承认，他说这个雪人是在某一天早晨突然出现在自己

家后院的。"鲍尔解释着。

接着，鲍尔为大家指明了一个
方向。在一片白茫茫的雪地里，鲍尔竟
然能很清楚地辨别出去鲍尔斯家的路，这引起
了帅帅的注意。他拉了拉尤丝小姐的衣袖问："鲍尔
是怎么识别道路的呢？"

尤丝小姐指着路边一个高高矗立的柱子说："你看到这些柱
子了吗？这就是当地政府为了应对暴风雪而树立的。通过它们，居民
们就能轻易地辨别方向了。"

一行人艰难地走了半小时，终于远远地看到了那个大雪人，在它四周围满了游客和车辆。帅帅一眼就看到了人群中的那个小黄点，正是穿着黄色羽绒服的史小龙，他随着拥挤的人群向雪人靠近。正在这时，警笛声响了起来，几个警察开始疏散拥堵在雪斯拉边的人群和车辆。史小龙只得悻悻地和卡尔大叔会合。

　　"为什么这些警察要疏散游人呢？"史小龙有些不解地问鲍尔。

　　"这个雪人有7米多高，而且它是由松散的雪堆砌而成，本身并不牢固，你想啊，万一它坍塌下来的话，不是要砸到很多人吗？"

　　"我们现在待在这里好像不太安全，不如先回去。等暴风雪过去我们再出来，怎么样？"帅帅提议。"帅帅说的没错！等到天气好转后，我带你们去看狗拉雪橇国际比赛，场面可是相当壮观的哟！"卡尔大叔笑着说。

　　"太好了！"史小龙跳了起来。

第6章

狗拉雪橇国际大赛

卡尔大叔提议去观看狗拉雪橇大赛后，帅帅便迅速上网查找了有关狗拉雪橇比赛的信息。

　　原来在阿拉斯加的冬天，狗拉雪橇是一种常见的户外活动，更确切一点说，它更像是一种代步方式。从每年 10 月到来年 3 月是狗拉雪橇比赛的旺季。安克雷奇作为一个被冰雪包围的国际性城市，每年举行的滑雪比赛的规格也比其他地方的要高，正因如此，这里吸引着来自世界各地的爱好者参加。

　　这次国际性比赛是在 3 月的第一个星期六开始。那天一早，卡尔大叔就带着史小龙等人来到赛场。场地上已经聚集了很多选手，他们以最快的速度把每一只参加比赛的雪橇犬都拴好。一系列复杂的准备工作做完后，随着一声发令枪响，众多雪橇犬都在赛道上狂奔了起

来，现场的观众也都情绪亢奋地欢呼起来，有的人还拿着相机疯狂地拍照，定格这精彩的瞬间。

解说员鲍尔说："这次比赛的总时间为 17 天，参赛队伍由 12 只狗至 16 只狗拉雪橇队组成，起点是南部的安克拉治，终点是西部临白令海的诺姆，全长 1800 多千米。请各位选手注意安全，祝你们取得好成绩。"

"啊！这次比赛要进行半个多月？"史小龙惊讶地问。

"是的，通常所有参赛小组依次从起点出发，每两组之间的间隔时间相同。比赛根据最后的计时情况判定胜负。"卡尔大叔解释说。

　　"为什么各组不是同时出发比赛，看哪一组最先到达终点呢？"秀芬疑惑地问。

　　"之所以制定这样的比赛规则，是为了使每个小组从起跑线出发的时候能够准确记录出发时间，使得比赛更公平合理。"鲍尔解释。

　　"那么，你认为这次谁能够获得冠军？"帅帅问。

　　鲍尔摸了摸下巴，胸有成竹地说："依我看，这次会是一位名叫霍克的选手取得胜利，他已经两次蝉联冠军了，我相信他这次依然不

会让我们失望的。"

"雪橇犬长什么样子呢？刚才离赛道远，都没看清。"史小龙歪着头，好奇地问。

"阿拉斯加雪橇犬可是世界上最漂亮、最神气的狗。"鲍尔略带得意地说。孩子们听后都觉得有些难以置信。为了证明自己的说法，鲍尔决定带他们去近距离见识见识阿拉斯加雪橇犬。

比赛拉起盲女的梦想

狗拉雪橇是一项很有挑战性的比赛，可是在 2006 年，来自美国俄勒冈州北部城市的 21 岁的盲人女孩斯科多丽丝却凭借着过人的勇气完成了这项比赛，创造了奇迹。

在这次比赛中，主办方为斯科多丽丝配了一名向导，但在比赛途中，她和向导意外走散，向导只能求助检查站去找她。后来她告诉向导，她当时非常疲劳，倒在雪橇上睡着了。尽管困难重重，但是斯科多丽丝依旧坚持完成了比赛，除了 11 名退赛的选手，她在比赛的 72 名选手中取得第 57 名，完成了自己多年来的梦想。

第7章

阿拉斯加雪橇犬

史小龙等人来到解说员鲍尔的家。在他家的后院里，他们近距离地看到了一只很大的狗，它的身高足有 50 多厘米。虽然它是个大个子，但是看起来却十分机灵，而且它一脸友善，完全没有凶恶之意。爱狗的史小龙一下子被这只大狗吸引住了，他轻轻地抚摸着它的毛发，仔细地观察着它，越看越觉得可爱。

　　"这条狗和我家养的哈士奇很像啊！"史小龙想起了自己的宠物，忍不住感慨。这条狗长得高大强壮，胸部结实，肌肉发达，头部宽阔，耳朵直立成三角形，它的尾部宽大，从根部向尾尖部逐渐变细。它的皮毛很厚，面部的毛是纯白色的，向后面卷曲着，简直像是一面迎风招展的旗帜，与史小龙家里那条哈士奇十分相似。

　　鲍尔笑了笑说："它不是哈士奇，而是纯种的阿拉斯加雪橇犬。"

　　"难道他们是近亲吗？为什么看起来很像呢？"史小龙露出疑惑的神情，一旁的帅帅和

秀芬也面露不解。

这时，卡尔大叔说话了："虽然从外观上看，这条狗和哈士奇很像，但它确实不是哈士奇，你们仔细观察一下，就会看出它和哈士奇的差别来。"

一向细心的尤丝小姐走近看了看，便迅速找出了两者的差异："哈士奇和阿拉斯加雪橇犬虽然看起来很像，但还是有区别的。首先，哈士奇是中型犬，比阿拉斯加雪橇犬要矮一些，体型也小一些；第二，它们的眼睛的颜色也不一样；第三，阿拉斯加雪撬犬耳朵分得很开，并且向外侧，而哈士奇的两只耳朵距离比较近，长在头部较高的位置；第四点呢……"尤丝小姐停顿下来，沉思了一会儿说，"是

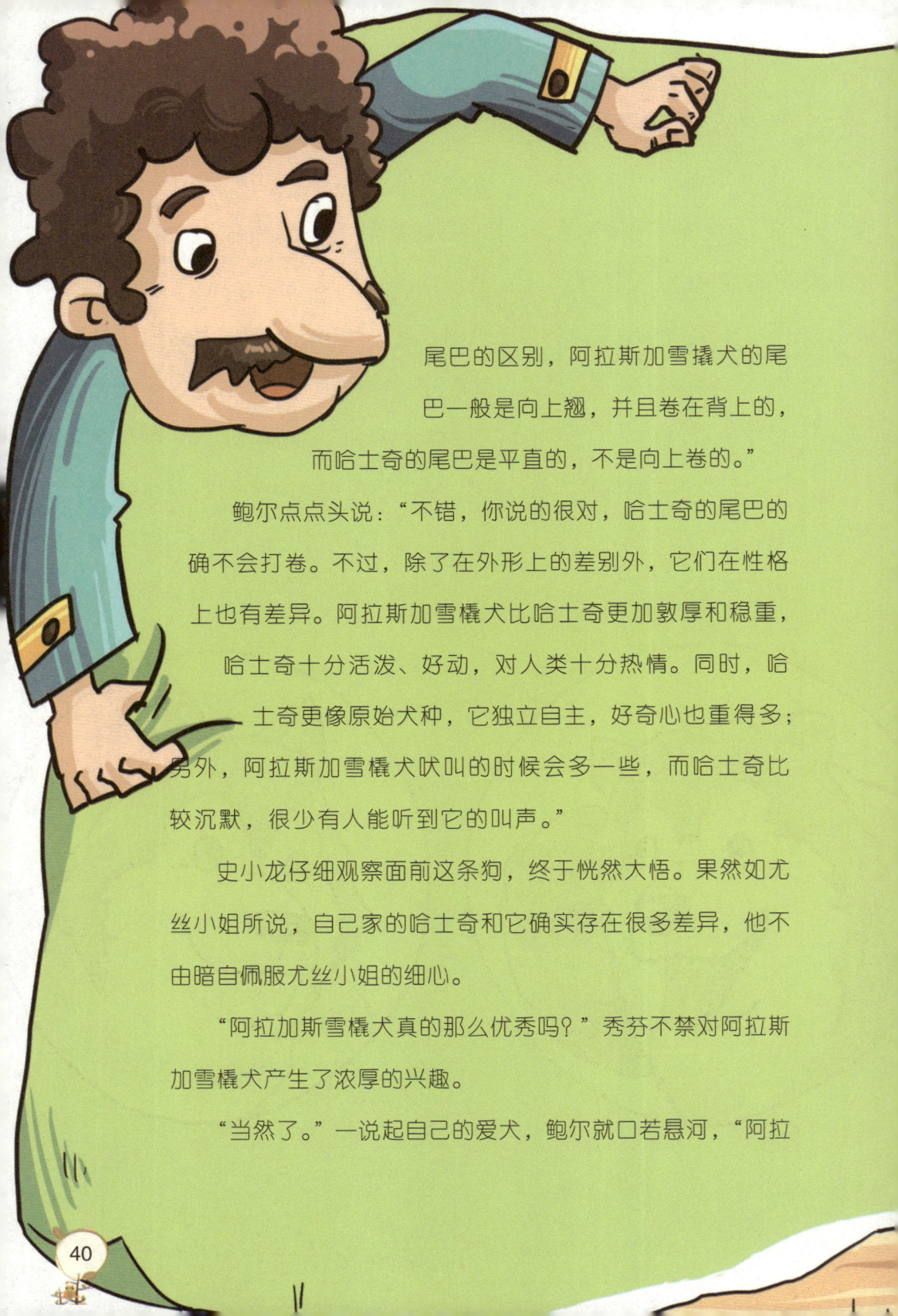

尾巴的区别，阿拉斯加雪撬犬的尾巴一般是向上翘，并且卷在背上的，而哈士奇的尾巴是平直的，不是向上卷的。"

鲍尔点点头说："不错，你说的很对，哈士奇的尾巴的确不会打卷。不过，除了在外形上的差别外，它们在性格上也有差异。阿拉斯加雪撬犬比哈士奇更加敦厚和稳重，哈士奇十分活泼、好动，对人类十分热情。同时，哈士奇更像原始犬种，它独立自主，好奇心也重得多；另外，阿拉斯加雪撬犬吠叫的时候会多一些，而哈士奇比较沉默，很少有人能听到它的叫声。"

史小龙仔细观察面前这条狗，终于恍然大悟。果然如尤丝小姐所说，自己家的哈士奇和它确实存在很多差异，他不由暗自佩服尤丝小姐的细心。

"阿拉加斯雪撬犬真的那么优秀吗？"秀芬不禁对阿拉斯加雪撬犬产生了浓厚的兴趣。

"当然了。"一说起自己的爱犬，鲍尔就口若悬河，"阿拉斯加雪橇犬是最古老的雪橇犬之一，它们最早是由因纽特人的一个部落所拥有并使用的。"

接着，鲍尔详细地介绍起阿拉斯加雪橇犬。它们很喜欢户外运动，尤其是拉雪橇，是不错的长跑"运动员"，同时也是人们最方便的"交通工具"。除此之外，它们还是很好的"保安"和"猎人"，本地人常常利用阿拉斯加犬猎捕狼等大型动物，人们还用它守护驯鹿。因为阿拉斯加雪橇犬身强力壮，富有极强的忍耐力，所以在很多时候，它们也成为探险者的帮手。

"最重要的一点是，阿拉斯加雪橇犬

对人类非常忠诚。如果认定你是它的主人，它会一直对你忠心耿耿。无论你遇到什么危险，它都会在第一时间挺身而出，就像一个英勇的保镖一样。给大家举个例子吧！在很多狗拉雪橇的比赛中，赛手们经常会出现意外，在危难时刻，阿拉斯加雪橇犬一直守护在主人身边，帮助其脱离险境，我们听过许许多多狗救主人的感人故事呢！所以我相信，阿拉斯加雪橇犬是世界上最好的狗。"鲍尔一边自豪地说，一边深情地摸了一下身边的阿拉斯加犬。

"我要是有这样一条狗该多好啊！"离开时，史小龙有些恋恋不舍。

鲍尔哈哈地笑着说："不光是你，全世界很多人都以能拥有一条阿拉斯加雪橇犬为荣呢！"

哈士奇

　　穿越过北极圈，最后选择在格陵兰落脚的一个部落，就是楚科奇人。早期，楚科奇人将一群跟随在他们身边的狗训练为可以用来拉雪橇并且看守家畜的工作犬，这群狗被称为西伯利亚楚科奇犬，它们就是哈士奇的祖先。

　　哈士奇的正式名称是西伯利亚雪橇犬，它是原产于西伯利亚东部的一个古老犬种。当地人常用它来捕猎，饲养驯鹿，拉雪橇。后来，哈士奇逐渐进入各国的家庭之中，成为一种流行于全球的宠物犬。因为它们机灵、热情、可爱，所以受到很多人的喜爱。

第8章

最后的处女地

卡尔大叔一行人结束了安克雷奇之旅，踏上了前往首府朱诺的轮船。

　　秀芬一上船就头晕眼花，她有些晕船。帅帅奇怪地问卡尔大叔："安克雷奇是交通枢纽城市，应该有通往全州各地的汽车和火车吧？我们为什么要坐船呢？"

　　卡尔大叔摇了摇头说："阿拉斯加的交通并不发达，整个阿拉斯加州只有一条公路通往外界。阿拉斯加铁路也只连接苏华德和费尔班克斯，因此，在阿拉斯加乘坐轮船就成为比较常用的出行方式。相比陆地运输系统，阿拉斯加的水上运输系统十分发达，它能运送旅客往返于阿卡斯加州的 28 个市镇，可谓四通八达。"

　　"这里常年被冰雪覆盖，最常用的交通工具是什么呢？"史小龙好奇地问。

　　"在阿拉斯加的北方地区，雪地摩托车和狗拉雪橇是冬季最常见的交通工具；在道路稀少、山路崎岖的乡村，全履带机动车也是常见的交通工具。"卡尔大叔一边解释，一边递给秀芬几粒晕船药，"在这

个地方，船是最常见的交通工具，我们要学会慢慢适应。"

"比起美国大多数地区发达的公路铁路系统，阿拉斯加真像个落后的'原始部落'。"帅帅像个小大人一样感慨着。

史小龙听了这句话，不以为然地说："如果不是这样，它怎么会被称为'最后的处女地'呢？"

"最后的处女地？"帅帅的眼睛一下子变得雪亮起来。

"当然。"史小龙趾高气扬地说。他指着随身携带的地理杂志，给帅帅解释着"最后的处女地"的由来，"阿拉斯加的总面积可是整个美国的 1/5 呢，只不过，这 1/5 的土地有 1/3 在北极圈之内。此外，阿拉斯加湖泊众多，其中有近百个湖泊在 15 平方千米以上，其他的小湖泊更是不计其数，这些大大小小的湖泊共同造就了阿拉斯加的国家公园，因此，人们称它为'最后的处女地'。"

卡尔大叔点了点头，对史小龙的话表示赞同："不仅如此，阿拉斯加还是动物们的天堂。在这里分布着北极熊、北极狐等多种珍稀物种。由于人类文明很少问津，所以这里的自然环境保护得相对完好。整个阿拉斯加土地面积的 1/4 以上，被规划为国家公园或野生动物保护地，所以毫不夸张地说，这里有一半的土地都是动物的世界。"

　　帅帅听得瞠目结舌。卡尔大叔继续讲道："除了美不胜收的自然风光，其实阿拉斯加还蕴藏着数不胜数的能源和矿藏，石油、天然气、金、银、铅、锌、煤炭、木材等的蕴藏量在世界上名列前茅。由于它位于亚洲与北美大陆航线上，也使得阿拉斯加成为亚洲国家最理想的资源来源地。"

　　卡尔大叔讲述时，帅帅不由自主地看向窗外，外面是一片冰天雪

地、银装素裹的世界，看起来圣洁而美好。他不由自主地感叹道："俄国现在一定很后悔吧？"

这下轮到史小龙吃惊了，他的历史虽然学得还不错，可是并不了解阿拉斯加和俄国之间的联系。

"俄国为什么会后悔？"他有些丈二和尚摸不着头脑。

帅帅解释说："阿拉斯加在历史上可是俄罗斯的土地，只不过后来被卖给了美国。"

"阿拉斯加曾经是俄罗斯的领土？这不可能吧？"史小龙觉得有些难以置信。

"事实就是这样。"说着，帅帅掏出了手机，指着手机上的一段话说，"1741年，丹麦人维他斯·白令受雇于俄国，为俄国探险。他率领着一批猎人到达了阿拉斯加，这是俄国人第一次到达阿拉斯加。1784年，俄国人在南岸的科迪亚克岛建立了第一个据点，随后，他们在此地开设了俄罗斯美洲公司，对当地居民实行殖民统治。直到

克里米亚战争爆发，他们才把这个烫手山芋以 720 万美元的价格贱卖给了美国，阿拉斯加从此树起了美国国旗，成为了美国的第 49 个州。"

"你能详细地讲一下俄罗斯把阿拉斯加卖给美国的过程吗？"史小龙对这段历史非常感兴趣。可是正当帅帅清了清喉咙准备开讲的时候，轮船却靠岸了。

虽然在安克雷奇的时候，帅帅对朱诺已经有所了解，但是当他身临其境的时候，还是被眼前的美丽小城给迷住了。

朱诺依山面海而建，积雪的山峰、深海峡湾和森林相得益彰，使这个被冰包裹的城市有一种冷艳的美。

"帅帅，你讲讲俄罗斯出售阿拉斯加的过程吧！"踏上了陆地，史小龙还记挂着这个问题，而帅帅却完全沉浸在眼前开阔的美景里，他挥挥手说，"等到了'美国领土上的俄国小镇'之后再告诉你吧！"说完，他便兴高采烈地走进了朱诺。

美国领土上的俄国小镇

锡特卡，一个历史古镇，由俄国人于 1799 年创建。它位于阿拉斯加东南，虽然属于美国，但是由于在 1804 至 1867 年曾为俄国统治阿拉斯加时期的首府，所以保留了很多的俄罗斯文化的印迹，如圣米西大教堂、西伯利亚的木造古老民居。这些景点都具有浓郁的俄罗斯风情，每年都吸引着数以万计的观光客前来观光。

第9章

我看到的你是蓝色的

来到朱诺的第二天，卡尔大叔就带着大队人马乘坐直升机前往朱诺冰原。

上了飞机，卡尔大叔激情昂扬地说："在中国，有一句老话叫'不到长城非好汉'，到了朱诺，如果不到朱诺冰原，那我们也算是白来了。"

"朱诺冰原？那里会有冰川吗？"秀芬一听冰原，脑海里闪现的就是《冰川时代》里冰雪连天的场景，于是便问了这个在观看影片时就盘旋在脑海里的问题。

"是的，孩子，那里有很美丽的冰川。"卡尔大叔笑着说。

"你能给我们讲讲冰川吗？"史小龙冲卡尔大叔挤了挤眼睛。

"冰川是地球上最大的淡水资源，也是地球上继海洋之后最大的天然水库。它是一种特殊的地理现象，大量冰块堆积，如同河川一般。"在卡尔大叔的示意下，尤丝小姐介绍道。

"那冰川是怎么形成的呢？"秀芬又接着问。

卡尔大叔看了看窗外，解释说："简单地说，是因为积雪速度超过融雪速度。因为高山地区的温度比平地要低，所以下雪的地方，就会在无形中形成一条雪线，雪线以上的地方就会积雪。在冬天，温度降低，雪线以上的高山地区快速积雪；而春天来临时，温度上升，积雪将融化成水。当积雪还没完全融化的时候，冬天又来了，再次下雪，再次结冰，堆积在原先的冰上。年复一年，当冰的厚度累积到某种程度时，因地心引力，冰便顺着山势滑动，就此形成了冰川。"

一直缠着帅帅讲阿拉斯加历史故事的史小龙也安静下来。

当飞机飞到朱诺的上空，史小龙就再也管不住自己不断向下掉的下巴了，他惊讶地看着窗外刀子一样雪亮的冰山，不住叫着："哇！好美丽！"在大自然的鬼斧神工面前，他忍不住摇着帅帅的胳膊说："真没想到，阿拉斯加竟然会有这么多冰山，这样俯瞰下去，可真像一个珍藏着宝物的武林重地，这些山白晃晃的，就像是倒插着的刀枪啊！"

帅帅也看了眼窗外，果然如此，密密麻麻的冰山远远看起来就像剑一样插向天空，而山下的城市，则处在一派苍翠之中，简直就像是不同的世界重叠在一起。

不久，直升机渐渐地接近了一片壮阔的冰原，卡尔大叔庄严地向大家宣布道："前面就是朱诺冰原了，有谁能介绍一下朱诺冰原呢？"

帅帅抢着举起手说："我知道，朱诺冰原是阿拉斯加冰川发源地之一，大约有大大小小 30 多条冰川是从这里发源的。"

卡尔大叔点了点头说："你说的不错，不过朱诺冰原的冰大多是冰川冰，这又是怎么形成的呢？"

帅帅挠了挠头，解答不出来。秀芬和史小龙也满脸疑惑，这时，尤丝小姐说话了。

"由于朱诺冰原上的雪在夏天无法完全融化，所以每年都会堆积

五六米厚的积雪，经年累月再加上重力的挤压，久而久之便成了冰了。朱诺冰原上的冰雪至少有三四百米的厚度，下层的雪早已变成了坚冰，我们称之为冰川冰。"

秀芬若有所思地想了想，问："冰川冰的形成一定要很久吧？是不是需要花费上百年的时间呢？"

卡尔大叔笑了笑说："在朱诺，冰川冰的形成可要不了那么久，在这里，形成冰川冰只需 10 年至 20 年，原因是春天和夏天的时候，冰的表面会融化成水，渗透到底层，又结成冰，所以只需如此短的时间，而不是上百年的时间。"

"你们看！这里的冰是蓝色的！"尤丝小姐指着舷窗外的茫茫冰原说。

"你真够细心，我正要说这个问题呢。"卡尔大叔顿了顿说，"实际上，蓝色就是冰川的象征，你们看过《冰川时代》吧，电影里面的

冰可就是像天一样蓝呢。这种色彩的形成其实是经历了一番磨砺的。冰川在形成过程中会和河床发生摩擦，这样就会产生大量碎石块，有一部分碎石会被包裹在冰里。这些冰块可以折射光线中的蓝色和绿色光线，因此这些冰川就有了举世闻名的特殊色彩。最令人拍手叫绝的是，到了冰川融化的季节，湖泊的色彩会因为水中的冰块增加而变得更加光彩夺目。经过挤压的冰块结晶大都是同样的大小，而且能够在日光中呈现蓝色波。所以，你们看到的冰川就是蓝色的了。"

　　秀芬听了，"唰"地站起来，兴奋地喊道："嗨，美丽的冰原，我看到的你是蓝色的哦！"一句话逗得大家都哈哈大笑起来。

第10章

后退的冰川

直升机越过朱诺冰原，快速地来到了门登霍尔冰川。

卡尔大叔介绍道："门登霍尔是从朱诺冰原的 38 条冰川中流下来的。你们很难想象，在 500 万年前至 130 万年前，阿拉斯加东南部的大部分都被淹没在史前海水之下。而在更长时间以前，这里曾经是热带地区呢。"

"啊？这是真的吗？这么冷的地方，怎么可能是热带地区？"史小龙摇着头，一副打死也不信的样子。

"可是，在很久之前，这里确实是热带，有很多热带动物和热带森林。后来，大陆的移动改变了全球的气候，诱发了全球气候变化。海洋被冷却，两极出现冰冻，结冰的范围直达阿拉斯加，使这里形成冷冻的荒原。最好的证据就是埋藏在这片土地下丰富的石油储藏。我们完全可以根据这些石油的储量去想象翻天覆地的历史变化。"卡尔大叔的话让大家颇感震惊。

"既然这里在很久以前被淹没，那它为什么又会浮出海面，成为现在这样呢？"史小龙对这个美丽的冰川有着莫大的兴趣。

"那要从 300 万至 200 万年前的冰河时期说起了……"卡尔大叔

一说起冰川的形成史，两眼就直放光。

"什么是冰川时期，它是依据气候
情况对地球地质年代所作的分期，指地球表面
覆盖大规模冰川的时期，又称冰期。地球存在 46 亿年以来，一共出
现过 5 次大冰河时期，每一次冰期，地球长期处于低温状态，极地冰
盖覆盖大陆，持续数千万年甚至数亿年时间。"

见孩子们疑惑不解，卡尔大叔继续解释："在每次大冰期内，分
为若干次气候相对温暖的时期，每期也持续数十万年，称为间冰期。
地球目前的气候仍处于第四纪冰期中的一次间冰期当中。原始人类正
是在第四纪冰期和间冰期的气候变化中，发展成为现代人的。"

"真的太不可思议了。"史小龙听完张大了嘴巴。

"在 300 万到 200 万年前，是第四纪冰期中的一个间冰期，气温
长期很低，大面积冰盖的存在使全球海平面大约下降了 100 米。阿
拉斯加的东南部的海平面也降低了，一个联系亚洲和阿拉斯加的大陆
桥就露了出来。不断蔓延的冰川移动，像刀一样切割出门登霍尔峡
谷。在距今 2 万年前时，这里的冰层曾达到最厚，之后又开始
消退。在 12000 年前时，气温逐渐回升，冰层开始融化，

冰川逐渐消退，海平面又开始上升，门登霍尔峡谷又逐渐浸在海水中。"卡尔大叔尽量将复杂的知识说得通俗易懂。

"想不到在人类存在之前，地球上有这样惊人的变化。"史小龙情不自禁地感叹。

"然后呢？"秀芬眨着大眼睛问。

"又过了500年，门登霍尔峡谷再次露出海面，森林开始生长。直到3000年前，有一股名为'小冰期'的寒潮来临，导致门登霍尔冰川再次前进。这种趋势一直延续到240年前，门登霍尔冰川才开始后退，形成门登霍尔湖。"

"除了大环境，还有什么因素致使这里形成冰川呢？"秀芬若有所思地看了看远处的山和海，继续问道。

卡尔大叔竖起大拇指，赞叹道："这个问题问得太好了！阿拉斯加有独特的地质位置，它既接近北极，受冷空气影响比较严重，同时又靠近海洋，受到来自海洋暖空气的影响。这样一来，暖空气和冷空

气经常不期而遇，降雪自然会很丰富，这是冰川形成的另一点重要气象条件。"

"你们知道吗，门登霍尔冰川一直在以每年 25 米至 30 米的速度向后退呢！"尤丝小姐说。

卡尔大叔说："是这样的。我们现在看到的门登霍尔冰川，是一直延续到 18 世纪中期的小冰期遗迹，为典型的后退冰川，每年后退约 27 米！"

史小龙一边听一边掰着手指头算着，然后他吃惊地说："按这样的速度计算的话，那大约 2000 年后它就会消失了啊。"

卡尔大叔有些不舍地看着远方，几个孩子也都流露出了悲伤的神色。这样美妙的地方，如果有一天消失掉，该有多么可惜啊！

"难道……"活跃的史小龙这时也变得严肃起来，"难道就没有办法阻止它的后退吗？"

"很难啊！"尤丝小姐说，"冰川的消退与气候变化有关。现在全球变暖，使得冰雪融化速度加快。要知道，每一座冰山都有一个平衡点，这个平衡点就是冬季的降雪量和夏天的消融量，这二者要保持相同。现在这种平衡被打破，就会像跷跷板一样，整个大趋势朝着消融的方向倾斜，冰川逐渐就会消失。"

孩子们望着这美丽的冰川，都不再言语。

第11章

上下都是天堂

这一天，帅帅提议去冰河湾国家公园游玩。

卡尔大叔摸了摸胡子，故意刁难地问："冰河湾国家公园是什么地方？"

帅帅昂着头思索了一会儿，回答说："没想到也有卡尔大叔不知道的地方啊，冰河湾国家公园可是'大自然最伟大的奇景'呢！整个冰河湾国家公园有18处冰川、12处海岸冰川地形。冰河湾最北边，就是泛太平洋冰川。据说，天气好的时候太阳会照射着泛太平洋冰川、马杰瑞冰川，它们是阿拉斯加州东南方最震撼人心的自然的工艺品。"

卡尔大叔依旧故意装出不懂的样子问帅帅："冰川的美我们早已领略了，冰河湾难道有什么特别的地方吗？"

"当然有。"帅帅解释说，"冰河湾占地面积十分巨大，约有30万公顷呢！当然，除了面积很大，它还被陡峭的群山环抱着。那里不光有无数的冰山，还有各类鲸鱼和因纽特人的皮划舟。如果我们去那里的话，那么我们既可以住在帐篷里，也可以住在宁静的乡村田舍里，然后在夜晚观赏冰川，会有不一样的感受哦！而且，运气好的话还很有可能看到极光呢！"

"既然如此，那我们去看看吧。"不过，他们在这里并不能乘坐巴士，因为到冰河湾国家公园和到门登霍尔冰川不同，只有水路和航空。卡尔大叔只好带着大家重新登上直升飞机。一路上，帅帅都在介绍着冰河湾国家公园的情况。

冰河湾国家公园坐落在美国阿拉斯加州和加拿大交界处，这个公园中的大多数冰川都是 4000 年前小冰河时期形成的。

1794 年，英国航海家温哥华来到艾西海峡时，并没有发现冰河湾。他所看到的只是一条巨大的冰川的尽头，可以说，他只不过

看了全豹之一斑。1879 年，美国博物学家谬尔再次来到这里，他发现了广阔的冰河湾，这片美丽的天地从此被世人所熟知。

史小龙放眼望去，只见冰蚀的峡湾正沿着冰河两岸的森林不断向前延伸，最后没入了一片萧瑟之中。高高的山峰拔地而起，直入云端，有一种"会当凌绝顶，一览众山小"的感觉。啊，这就是费尔韦瑟峰，冰河湾最美的地方啊！史小龙伸出手来，摆出一副要拥抱冰山的架势，然后他转过头看着帅帅说："不得不说，谬尔还真是冰河湾国家公园的伯乐啊！"

"门登霍尔冰川在不断后退，冰河湾国家公园的冰川是不是也在后退呢？"秀芬见缝插针地问。

"是的，冰河湾沿海地区属于海洋性气候。夏天的时候，冰川的融化速度非常快。尤其最近几个世纪，其冬季的降雪量远远赶不上夏季的冰雪消融量，所以冰川以每年 400 米的速度在后退。在这种情况下，公园内的谬尔冰川在短短的 7 年时间内就后退了 8000 米，其境遇和门登霍尔冰川一样尴尬。"尤丝小姐说。

到达了冰河湾公园后，史小龙大为震惊，因为这儿看起来还是一片荒原，除了游人，几乎看不到当地的土著居民。这里除了冰川更阔大之外，也并没有什么特别之处，他不禁有点失望。

尤丝小姐似乎看出了史小龙的心思，介绍说："别看这里是一片荒原，但是有 16 个潮汐冰川呢！这看起来似乎并不算什么，可是你们要知道，整个世界的潮汐冰川加起来也不过 30 多个。此外，这里的地下冰洞也是一大奇观，我们去看看地下冰洞怎么样？"说着，尤丝小姐率先抬脚向不远处的一个冰洞走去。

"哇，这简直是天堂啊！"看着眼前被融水雕蚀成的晶莹剔透的洞穴，史小龙感觉就像进入了《西游记》中的龙宫，不禁目瞪口呆。他怎么也没想到，地上和地下，竟然都是冰雪构筑的天堂。他不禁信步走去，可是他没注意脚下，一个趔趄，差点摔倒了，幸亏卡尔大叔眼疾手快，一把将他拉了回来。

　　卡尔大叔脸色凝重地说："在这儿走的每一步都要小心，冰川由于自身的压力而形成了很多危险的大裂缝。在这里行走是有生命危险的，一步踏错，就可能掉进冰缝里，你也许还没明白是怎么回事就没命了，大家都小心点吧！"

　　大家都面色凝重地点头。谁也没想到，天堂和地狱的距离，原来就只有一步之遥！

第12章

冰川上的"百鸟之王"

飞机沿着海岸飞行，眼前出现的是一簇簇铁杉林和云杉林。帅帅看着这些高大的树木，奇怪地问卡尔大叔道："在这样极寒之地竟然也能长出这么多的树木，这是怎么回事？"

卡尔大叔笑了笑说："经历了无数的地质作用，这里出现了肥沃的土壤，随后就出现了植物。不过，首先出现在这里的并不是铁杉林和云杉林，而是矮桤木和柳树。之后这两种植物又被黑三角杨代替，最后铁杉林和云杉林替代了黑三角杨，漫山遍野都是。"

卡尔大叔正说着，忽然有一只大鸟从直升机旁飞过，尤丝小姐虽然见多识广，但是也不由得惊讶地大喊道："快看，这是什么鸟？"

那只大鸟在机翼右侧盘旋着，鸟的身上长着褐色的毛，只有头部的羽毛是白色的，身体长约 1 米。它的翅膀很大，翼展看起来有 2

米多。大鸟在飞机外展翅飞翔，英姿飒爽的样子让在场的每个人都很喜爱。

"真漂亮啊！"尤丝小姐感叹道。卡尔大叔却回复道："你别光看它漂亮，这只鸟可比老虎还要凶猛呢！"

"不会吧？它是什么鸟？"秀芬好奇地问。

"这鸟叫做白头海雕，也叫秃鹰。它最常出没的地方是内陆江河和大湖附近，大多数生活在北美洲的海岸线，在冰河湾国家公园的森林里也有分布。"帅帅对这种鸟也颇有了解。

"秃鹰是秃头吗？"秀芬看着远处的秃鹰，疑惑地问。

卡尔大叔哈哈大笑着说："你这就是犯了以名字'取'鸟的错误，它虽然有秃鹰之名，可是一点也不秃哦！"

大家正议论着，只见那只秃鹰在空中一个翻身，像离弦的箭一样飞向了高处的一只鸟。不过一会儿，雪花一样的白色羽毛就从它的嘴里落了下来。接着它叼着从那只鸟嘴里抢来的食物，炫耀似的绕着直升机打转。

史小龙和秀芬惊呆了，刚才还优雅如王子的鸟，只不过瞬间的功夫，就化身强盗，真是吓人。他们并不知道，其实抢别的鸟类的食物只不过是秃鹰获取食物的重要途径之一，秃鹰除了像强盗一样抢别人嘴中的食物，还会捕猎海蚌，或者吃海中大鱼的尸体。

"弱肉强食，这是自然法则，虽然秃鹰有时候会像强盗一样蛮横，但是它还有'百鸟之王'的美誉呢！冰川上，除了秃鹰，还有很多其他的动物，有时候，狼也可能在这里出现呢。夏季，巨大的冰山为海狗提供了绝佳的生活场地，所以狼群经常会到这里来'度假'。还有14米长的座头鲸也时不时会来附近的海域光顾的。"尤丝小姐的解说令几个孩子更加惊讶了。

他们实在想不到，在冰河湾这样寒冷的地方，不光生长着植物，

还生活着那么多动物。

　　飞机越过森林，到达了泛太平洋冰川。这条冰川在 1999 年的时候还大约有 40 千米长，是冰河湾国家公园最壮丽的冰河。只不过随着时光的流逝，冰在上游携带而来的泥沙越来越多，所以这里的冰川看起来要比别处的冰川灰暗很多。

　　接下来他们来到了马杰瑞冰川，这条冰川是冰河湾国家公园里极为干净的一条冰川，看起来晶莹剔透、巧夺天工。卡尔大叔介绍说，这条冰川是泛太平洋冰川在退却后分开而独立出来的。它和泛太平洋冰川一衣带水，被称为最美丽的冰川。

　　当飞机掠过马杰瑞冰川的上空时，大家透过舷窗看到了壮丽的景象：冰川在阳光的照射下开始融化崩塌，发出一阵阵"轰隆、轰隆"的巨响，天上的鸟儿们听到这样的响声，被吓得四处乱窜。秀芬惊讶得张大了嘴，不停地问卡尔大叔："该不会是要地震吧？"

　　卡尔大叔摸了摸她的头，安慰道："这当然不是地震，因为马杰瑞冰川和泛太平洋冰川不一样，它的表面没有覆盖泥沙，所以在夏季

融化的速度相当快，常常会出现冰面崩塌

的现象。你看，要是地震，那些飞鸟和海豹还会

抢那些被冰层激起来的游鱼吗？"

　　秀芬顺着卡尔大叔的手指的方向看去，果然有一群海豹和一群

海鸟在争抢着冰层断裂时飞起来的鱼。

　　接下来，卡尔大叔带领着大家参观了瑞德冰川和谬尔冰川。

　　谬尔冰川是以科学家谬尔的名字命名的。狭长的冰川蜿蜒伸进

内陆，一眼望去和其他的冰川一样似乎无边无际。像很多冰川一样，

谬尔冰川也在后退，而且自 1982 年以后，谬尔冰川的后退速度就

加快了。冰川退却后的土地上随之生长出很多植物，呈现出别样的

景致。

第13章

神奇的小冰河时期

从谬尔冰川飞出后，史小龙不由自主地赞叹道："上帝真是无所不能啊，居然能造就这么多美丽的地方。"

帅帅纠正道："造就这些冰川的可不是上帝，而是自然。"

"自然？"史小龙听得稀里糊涂。

"对，是自然，卡尔大叔已经说过了，这些冰川的形成，其实都与小冰河时期的气候有关。"帅帅说。

"卡尔大叔，小冰河时期是什么时期呢？"秀芬抢着问。

卡尔大叔思索了片刻，回答说："小冰河时期是指从 13 世纪初开始，到 19 世纪结束，地球进入一个寒冷时期。在 16 世纪中期至 19 世纪中期，达到最冷的顶点，人们称之为'小冰期'。小冰期低温的气候，会影响植物生长和农业生产，对社会带来严重的后果。小冰期正值中国的明清时期，中国那时曾发生大规模的极寒天气，那个阶段被称作'明清小冰期'。"

"你是说小冰期主要发生在中国明朝和清朝？"史小龙一下来了兴趣。

卡尔大叔点点头说："是的，这个小冰期对中国的历史产生了深远的影响。"

在秀芬和史小龙的要求下，卡尔大叔讲："这次小冰期对中国明代农业的影响很大，由于气温降低，使降雨区域普遍向南移，这使得全国各地几乎连年遭灾，受灾范围不断扩大，国内的农业减产，这对于人口庞大的明朝来说是致命一击。长时间和大范围的灾害大大削弱了明朝的国力。

"在这样的天气下，中国北方少数民族的生活更加艰难，这便直接导致从明代中叶，也就是 1500 年左右起，北方少数民族频繁地向明朝发动进攻。其中，比较著名的就是明朝正统十四年，即 1449 年的'土木堡之变'。蒙古瓦剌部落首领率兵进攻明朝，明朝第六任皇帝朱祁镇出兵 50 万亲征，在土木堡被瓦剌军队打败。明军全军覆没，明英宗被瓦剌军俘虏，这个事件在历史上称为'土木堡之变'。到了明万历四十六年，也就是 1618 年，明朝与后金又爆发了'萨尔浒之

战'，明军的粮草和装备都极为匮乏，最后被后金军打败。

"到了明朝的万历、崇祯年间，旱灾变得越来越频繁，一些饥饿的农民开始起义。随之而来的还有可怕的鼠疫。鼠疫首先在山西爆发，随后迅速蔓延，波及全国，北京、天津地区也未能幸免。1640年至1700年是这次小冰期中最冷的时期，这又正好与清军南下入关、建立大清政权的时间相吻合。

"明朝灭亡以后，以1650年为分界点，气温又开始回升。所以，清朝统治下的神州大地恢复了风调雨顺，后来才有所谓的'康乾盛世'。这其中也有气温回暖使得灾情减弱了的原因，这时人们的生活才好转起来。"

"这么说来，明朝的灭亡，其实和'小冰河时期'脱不开关系，是吗？看来，崇祯也并不是一个很差劲的皇帝，他只是生错了时代啊！"帅帅像个小大人一样感慨。

卡尔大叔笑了笑说："把明朝的灭亡完全归结于小冰河时期也不妥当。因为小冰河时期在明初就出现了，清朝建立后依旧持续了50多年，但清朝却迎来了盛世。所以如果把明朝的灭亡归结于小冰河时期，是主观夸大了小冰河时期的作用。说到影响，小冰河时期对欧洲的影响也很大。在10世纪到13世纪的欧洲，气候温暖，农业、渔业繁荣，很少有荒年和饥饿的情况。13世纪以后，也就是小冰河时期开始时，欧洲经历了频繁的灾害荒年，寒冬和异常湿热的夏季等极端的天气增多，欧洲国家的耕作范围不断收缩。特别是从16世纪开始，这种情况更加剧烈。战争、饥荒和流行病，使日耳曼人口从1600万减少到900万。"

帅帅点了点头："嗯，我明白了。"

荒原上的福地

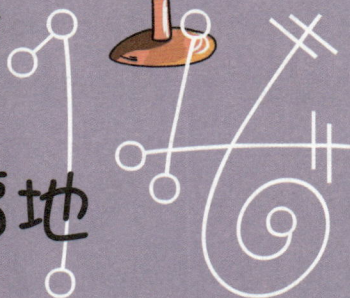

在朱诺主街，尤丝小姐和秀芬看见一个卖明信片的小店。大家走进店里，看到一张挂在墙上的放大的画，画面上一条金色的河流向远处流去，一个人蹲在地上淘金，而另一个人则支着一个淘金工具向远方眺望。

"这画画的是什么地方啊？"秀芬问店员。

"这就是著名的淘金之路。朱诺就是靠着这条黄金之路崛起的。"店员说起淘金之路，脸上一副自豪的神情。

"我们去淘金之路看看吧！"秀芬当即向尤丝小姐提出了这个在心中植根已久的要求。

尤丝小姐郑重地点了点头，她也一直很想去那里。

淘金之路的起点并不远，就在朱诺市中心的黄金溪。在发现黄金之前，这是一片无人问津的荒原，直到黄金被发现之后，才有了成千上万的梦想一夜暴富的人们涌进来。

在随后的淘金热潮中，很多淘金者一路向北，涌向了道森、斯卡圭、达亚、诺姆以及费尔班克斯这些新兴城市，因而它们也都是因为淘金而崛起的。

一路上，卡尔大叔滔滔不绝地讲解着淘金热兴起的经过，不知不觉就到达了淘金之路。

朱诺过去的淘金地现已辟成旅游景点，有的地方还专门提供淘金工具，供观光客进行淘金体验。在一个废弃的金矿处理厂堆积着几百磅金沙，经过筛选，这些金沙最后转变成了金子。一行人在这里领取了一个当年淘金者用的淘金盆，史小龙看了看，对帅帅小声嘀咕道："这里面的金沙估计也就一二两吧！"

帅帅吐了吐舌头，站在水槽边，舀了一些混浊的水，轻晃淘金盆。沙子轻，黄金重，摇晃过程中，沙子渐渐被过滤掉，盆底只剩下金子。

"过去的淘金客都是这样淘金的吗？"秀芬擦了一把汗，抬头问卡尔大叔。

卡尔大叔笑着说："是的，从朱诺开采的 700 多万盎司黄金，其中有 80 万盎司黄金就是这样摇啊晃啊筛选出来的。这可是门技术活，必须要熟练掌握才能做好。"

"这和我想象的淘金生活一点也不一样。"史小龙说。

"你想象的淘金生活是什么样的？"卡尔大叔好奇地问。

史小龙不好意思地说："电视和电影上的淘金者一般都狂放不羁、出手大方、工作自由，我以为他们的生活就是这样。"

"哈哈。"卡尔大叔笑着说，"那只是影视作品中的淘金生活，淘金可是一项又苦又累又危险的事情。牛仔裤也是因此才被淘金者在淘金过程中发明的呢。"

"牛仔裤是淘金热时期发明的？"秀芬看了看自己穿的牛仔裤，难以置信地问。

"是的，在淘金热十分盛行的时候。淘金的工人们抱怨他们的裤子磨损厉害，而且一般的裤子装不了黄金的颗粒。一个商人从中窥探到了商机，萌发了用滞销帆布制作一种不易磨损的裤子的想法——牛仔裤就这样诞生了，随之在矿区里风行起来。"尤丝小姐的解答细致入微，听得秀芬瞠目结舌，她怎么也想不到，风靡世界的牛仔裤在最初只不过是为淘金者的工作需要而设计的。

大家正说着，帅帅忽然捏着一个绿豆大的黄色颗粒，又蹦又跳地叫道："我淘到黄金了，我淘到黄金了。"卡尔大叔等人凑近一看，果然是一粒金灿灿的金砂。

"真是幸运。可是为什么我淘不到呢？"秀芬不快地嘟着嘴。

卡尔大叔摸摸她的头说："不是每个淘金者都能发财的，阿拉斯加的条件十分恶劣，它原来是一个未开发的荒蛮之地，而且冬天的气温常在零下50℃。不仅如此，在这个地方，还常常有棕熊出没。有一大半的淘金者因为受不了这样恶劣的条件而半途返程。只有少数人能克服艰难险阻淘到人生的第一桶金。不过能凭借这'第一桶金'

发家致富，成就一番事业的人却为数不多。事实上，淘金致富的概率只不过比买福利彩票的概率略高一些罢了。"

"那些能挖到'第一桶金'的人真是幸运啊！"秀芬抱着手，幻想着有一颗金子能砸到自己的头上。

"可是没有淘到金子的人也未必不幸啊！"卡尔大叔笑着说，"一些淘金者虽然没能在阿拉斯加淘金致富，但他们发现这里是一个自由的世界，具有其他地方没有的特色，就选择居住在这里，成为阿拉斯加的居民。你想，能居住在这样美妙的地方，不也是一种幸运吗？"

孩子们认真地点了点头。

牛仔裤的发明者

李维·施特劳斯是德国籍犹太人。1850 年，21 岁的他加入了加州的淘金队伍，当他发现淘金无望后，转营从商，专售日用百货。后来，他发现淘金人需要一种坚实、耐磨的裤子，1853 年，他便发明了第一条帆布工装裤，也就是现在我们常穿的"牛仔裤"，他的发明深受人们的喜爱。

第15章

美国领土上的
华人纪念碑

卡尔大叔带着大家继续沿着淘金之路向前走。过了一阵，帅帅却突然惊叫道："卡尔大叔，不好了，史小龙不见了。"

卡尔大叔回头一看，果然看不到史小龙的踪影，于是他带领大家沿着原路返回。在一个巨大的纪念碑前，他们看到史小龙正认真地读着碑文。看到大家返回，史小龙连忙走近，疑惑地说："卡尔大叔，我发现了一件奇怪的事。你看，在美国的领土上，竟然还有中国人的纪念碑呢！"

卡尔大叔摸了摸胡子，笑着说："原来你是在研究这个啊！这要从淘金热说起。从淘金热开始，中国人就为美国西部的发展做出了不可磨灭的贡献，所以美国政府对华人也给予了肯定。在美国，有很多地方都建造了华人纪念碑。"

"华人为美国西部的发展做出了什么贡献呢？"史小龙不禁问道。

卡尔大叔点了点头，开始讲述这段历史。

其实，首先到美国淘金的人是中国福建、广东等沿海地区的农民，他们是随着美国金矿的发现而被贩卖过来的。随着淘金的人越来越多，美国掀起了淘金潮。后来，美国又出现了"西进运动"，华人劳工相继来到加拿大和阿拉斯加地区。总而言之，当时华人为美国的经济发展做过很大贡献。

除了开金矿淘金，华工还参与修建铁路等基础设施建设。修建铁路大动脉是人类建筑史上的一大奇迹。当时的自然条件十分艰苦，修建铁路的难度一点也不亚于中国修建青藏铁路，但是华工却克服了重重困难。最终，他们把这个看似无法完成的工作完成了。在这条铁路的沿线，除了夏天，其他的时间都是白雪皑皑，因而这条铁路又获得了"白色通道"的美称。

"这个白色通道可是和泰国的'死亡铁路'齐名的呢！"卡尔大叔讲到这儿自顾自地感慨了一句。

　　"这样看来，华人对美国西部的贡献确实不少。他们所做的一切都该被全体美国人记住。"史小龙看着那块纪念碑说，"美国人为华人立这个纪念碑也是应该的。"

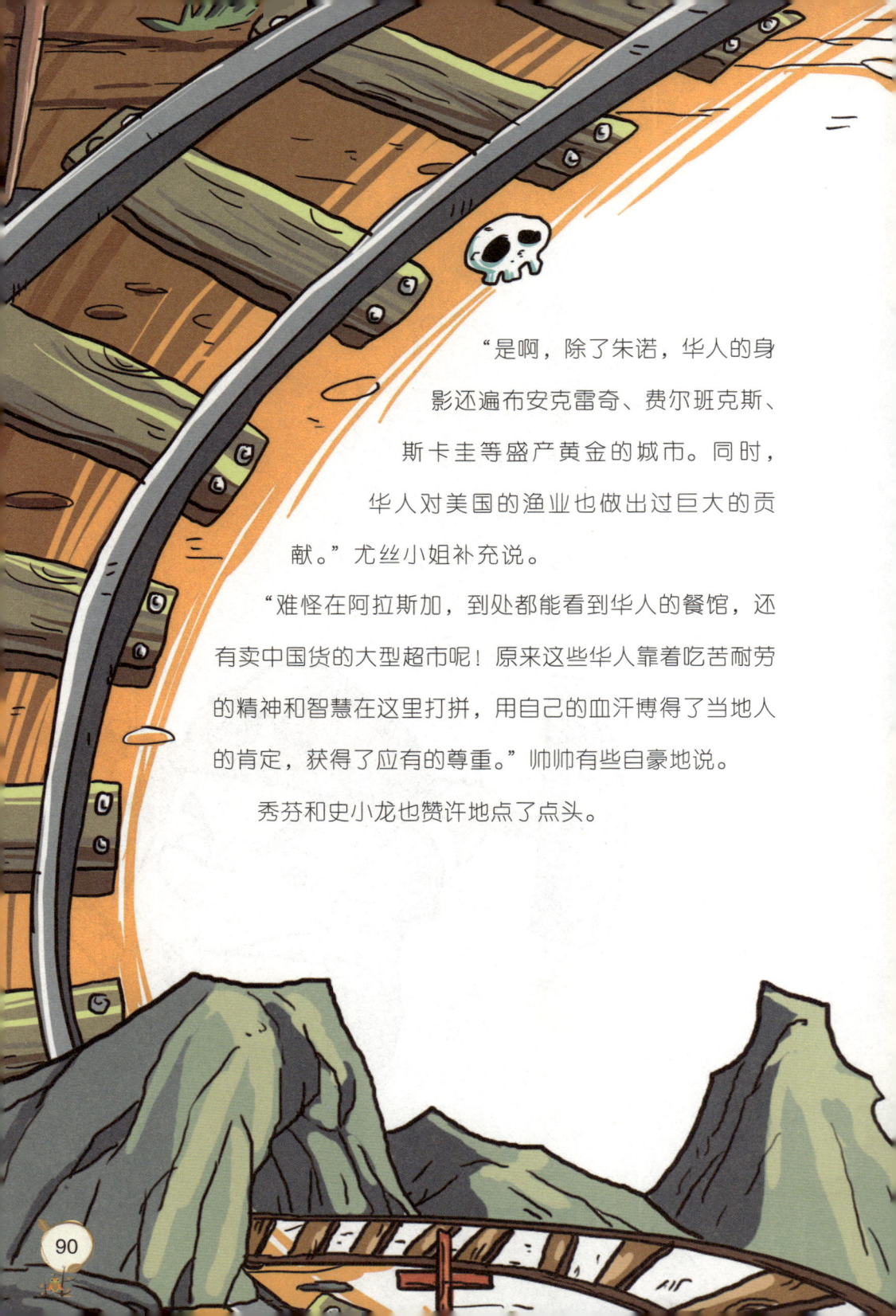

"是啊，除了朱诺，华人的身影还遍布安克雷奇、费尔班克斯、斯卡圭等盛产黄金的城市。同时，华人对美国的渔业也做出过巨大的贡献。"尤丝小姐补充说。

"难怪在阿拉斯加，到处都能看到华人的餐馆，还有卖中国货的大型超市呢！原来这些华人靠着吃苦耐劳的精神和智慧在这里打拼，用自己的血汗博得了当地人的肯定，获得了应有的尊重。"帅帅有些自豪地说。

秀芬和史小龙也赞许地点了点头。

死亡铁路

"死亡铁路"是一条连接泰国和缅甸，长约415千米的铁路。它是在第二次世界大战期间，由日军强迫战俘和劳工修建的。

为了修建这条铁路，日军先后役使了36万多名战俘和27万多名亚洲劳工，造成了近2万战俘和约10万多亚洲劳工死亡，所以这条铁路被称为"死亡铁路"。

第16章

苏醒的恶魔

"我们去锡特卡吧！"参观完淘金之路，史小龙便再次想起了美国领土上的俄国小镇。可是这天早晨，直升机飞行员却告诉了他们一个不幸的消息——里道特火山爆发了，所有的航班都被迫取消了。

　　"火山是怎么形成的？"秀芬显然在地理课上没认真听讲。

　　"在地壳之下100千米至150千米处有一个特殊的区域，这个地方存在着高温、高压以及能挥发出气体的岩浆，所以这个区域被称为液态区。这些被深埋在地下的液体一旦从地壳薄弱的地段冲出地表，就形成了势不可挡的火山。"卡尔大叔解释说。

　　"那为什么会有火山爆发呢？"秀芬一问起问题就没完没了。不过卡尔大叔还是很耐心地解释："地下的岩石在熔化时会膨胀，所以它需要更大的空间隆起上升。上升的压力因受到挤压而不断变小，久而久之就形成了一个熔岩库。熔岩库里面的物质沿着这部分因为隆起而造成的裂痕不断上升，就像一个蒸汽机一样。当熔岩库里的压力比

它上面的岩石顶盖的压力要大的时候，就会向外迸发出岩浆，成为一座火山。明白了吗？"

"火山喷发有这么厉害，还能影响航空？"一旁的帅帅突然问。

卡尔大叔若有所思地摸了摸胡子说："看来你并不了解里道特火山的厉害，小龙，你知道吗？"

"当然。"史小龙趾高气扬地说，"里道特火山在安克雷奇西南约180千米处。就山来说，它并不算高，海拔仅仅3100多米，但是就火山而言，它可是一座名声赫赫的火山。1989年，它曾迎来了一次大爆发，这次喷发持续了4个月之久。"

"没错，那一次火山喷发使周边很多城市的航空都受到了影响。"尤丝小姐扬了扬手中的报纸走了进来。

求知若渴的秀芬接过报纸一看，只见上面写道：里道特火山昨晚共喷发了5次，最大规模的一次喷发使火山灰烟柱直冲云霄……这是里道特火山30多年来首次喷发。

报纸的下端有里道特火山的知识链接，链接中称，其实在阿拉斯加并不是只有里道特火山会喷发，有很多火山都极为活跃。

　　看到这里，秀芬不禁放下了手中的报纸，看向卡尔大叔问："里道特火山的喷发为什么有这么大的威力呢？"

　　卡尔大叔拿出了一张世界地图，反问秀芬："你知道地球分为哪几个大陆板块吗？"

　　"我……我不知道。"秀芬有点不好意思地说。

　　"太平洋板块、印度洋板块、亚欧板块、非洲板块、美洲板块和南极洲板块。"帅帅十分肯定地回答了出来，他的地理学得很好。

　　卡尔大叔点了点头说："很对。那么有谁知道，阿拉加斯位于哪两个板块之间呢？"

　　"太平洋板块和美洲板块。"史小龙回答说。

　　"对。"卡尔大叔点了点头说，"里道特火山位于板块边界上，和很多火山爆发的原因一样，它是板块活动的产物。而里道特火山属于活火山，喷发起来当然一发而不可收拾。"

"什么是活火山？"秀芬的小脑袋里装满了问题。

"火山大体上可以分成三类，那些在人类有史以前就喷发过，但现在已不再活动的火山被称为'死火山'；人类有史以来，曾经喷发过，但长期以来保持安静状态，仍然可能会随着地壳的变动而喷发的火山，人们称为'休眠火山'；人类有史以来，时不时会喷发的火山，就是'活火山'。里道特火山就被定义为活火山。"尤丝小姐对秀芬解释道。

在秀芬不停提问时，帅帅用他的智能手机查找火山的信息。手机里的信息显示：近年来，在阿拉斯加并不仅仅只有里道特火山发生了大规模的爆发，阿留申群岛的克利夫兰火山也曾发生喷发式大爆发，其火山灰还喷出高达 4500 米。这次火山喷发曾一度影响美洲到亚洲的航线。

此外，距离安克雷奇不远的斯普尔火山也有爆发的预兆，专家们在斯普尔火山的冰帽上发现了一个奇怪的大洞。经过研究发现，这可能是火山喷发的预兆。因此，在发现这个大洞后，当地政府迅速发出了黄色警报，以防造成生命财产的损失。

　　帅帅将这些信息念给大家听，随后小心翼翼地问卡尔大叔："火山喷发怎么会引起这么大的恐慌呢？"

　　卡尔大叔点点头说："火山爆发的威力特别猛烈，尤其是休眠火山，沉寂百余年后突然爆发，威力就更大了。一旦爆发，常常会给人类世界带来毁灭性的破坏。在火山喷发时期，昏暗的白昼和狂风暴雨，甚至泥浆雨都会长时间地困扰当地居民。更为可怕的是，火山灰和火山气体被喷到高空中后，会随风散布到很远的地方。它们遮住阳光，造成气温下降。火山还有很强的破坏力，火山喷发形成的岩浆流能冲毁道路、桥梁，淹没

附近的乡村和城市，造成无可估量的损失。甚至，有专家推测，火山还有可能是恐龙灭绝的原因呢！"

"恐龙灭绝和火山喷发有关？"史小龙十分吃惊，他一向对恐龙有着浓厚的兴趣。

"是啊，火山喷发会产生大量的硫磺，同时还有其他的毒气，这些毒气里含有氰化氢及其衍生物。人只要嗅入微量氰化氢，就会呼吸神经麻痹，全身乏力，最终窒息而死。有专家认为，恐龙有可能就是死于这种气体。"

"这么说来，安克雷奇岂不是很危险？"帅帅忧心忡忡地问。

"是啊，火山就像睡在这里的恶魔，恶魔一旦苏醒了，危险自然就来临了。"卡尔大叔长长地叹了口气。

恐龙灭绝之谜

关于恐龙灭绝，有着各种各样的假说。有人说恐龙死于大陆漂移，也有人说恐龙死于物种斗争，还有诸如气候变迁说、地磁变化说、被子植物中毒说、酸雨说、陨石撞击说等五花八门的说法。说法虽然很多，却没有定论。

有人认为，火山爆发有可能是恐龙灭绝的原因。因为火山爆发后，会喷出大量的二氧化碳，造成很强的温室效应，大多数植物因此死亡；而且，火山喷发还会施放出大量毒素，引起臭氧层破裂，有害的紫外线照射地球表面，造成生物灭亡。

第17章

应对恶魔的方法

听卡尔大叔说完了火山喷发的危害，大家都陷入了沉默。目前，在地球上已知的死火山约有2000多座，已发现的活火山约有523座，其中陆地上约有455座，海底火山约有68座。这些火山一旦同时爆发，地球就会变成一个火球。这是一件多么可怕的事情啊！

　　在史小龙的建议下，他们又坐船重返安克雷奇，打算亲自看一看火山爆发的现场。在路上，他们遇到了一个叫杰克逊的火山学家，他更加详细地向大家讲述了火山爆发的危害。

　　"难道人类面对火山就一点办法都没有吗？"一直沉默着的秀芬突然冷不丁地开口问道。

　　"当然有。"杰克逊教授一边从包里拿出一堆资料一边说，"其实火山喷发是有预兆的，比如地表变形，从喷气孔、泉眼等挥发出奇怪的气体和气味；水位、水温等出现异常；生物会有异样反应，包括植物褪色枯死、小动物的行为异常和死亡等。只要发现这些情况中的任何一种，我们都可以作出判

断，提前做好防御措施。"

"那么一旦我们遭遇火山喷发，又该怎么应对呢？在阿拉斯加有70多座活火山，我们说不定什么时候就会遇到呢！"秀芬有板有眼地问。

"嗯，如果遭遇火山喷发，就要根据不同的情况做出相应的自救反应了。"说着，杰克逊教授拿出了一张纸，纸上罗列着几条自救方案。

应对熔岩的方法：火山爆发的同时会喷出大量熔岩，熔岩像火一样向前冲去，它的终点就是谷底。有时，它也会在中途停下来，这种情况发生的前提是它自然冷却掉。熔岩的温度很高，体积又大，可想而知，它的出现会毁灭它接触到的一切事物。不过相对来说，在火山喷发的危害中，熔岩流对生命的威胁是最小的，因为熔岩流有一定的路线，在火山喷发时，人们只要避开它流经的路线就可以幸免于难了。

应对火山喷射物的方法：火山喷发是一种带有很强冲击力的地壳活动，所以会携带一些喷发物，从微小的尘埃到鸡蛋大的岩石都会被携带而出，向四方和空中喷射。火山灰覆盖的范围很广，其中还有一

些灰尘融入空气中，被风带走，蔓延到很远的地方，影响全世界的空气。在这种情况下，我们应该快速逃跑，最好戴上头盔，防止自己被石头砸伤。当然，头盔并不是每个人都有，所以，最稳妥的办法就是以最快的速度和火山灰喷射物赛跑。

应对火山灰灾害：火山爆发时，会喷发出很多火山灰和多种气体。火山灰成分很复杂，有的有很强的刺激性。火山喷发的气体有毒，会对人的健康产生极大危害，尤其是对孩子和老人的身体危害更加巨大。当火山灰中的硫磺随着降雨落下时，会对人的皮肤、眼睛等部位产生极大的危害。所以在火山喷发的时候，最好戴上保护型眼镜。通常情况下，通气管面罩或滑雪镜都能派上用场。为了对付空气中的毒气，还要用湿布或者湿毛巾捂着口鼻。当然，如果你手头上有防毒面具，那么戴上它是最好的选择。

应对火山球状物危害：火山喷发时，会伴随着大量的球状物体喷射而出，这些物体的运动速度非常快，如果被它碰到，就像被一辆高速行驶的汽车撞到。所以，当火山爆发时，我们最好躲到附近的建筑物或者水中去，等待火山球状物消失，一切都风平浪静时再出来。

火山爆发的危害当然不止于此，火山爆发会辐射出大量的强电粒子流。这些强电粒子流会对各种电子设备产生极大的影响。这种影响一点不亚于火山爆发所排出的毒气等物质。

史小龙看完资料，情不自禁地向杰克逊教授竖起了大拇指："这些方法果然是对症下药啊，我要把它们背下来，以备不时之需。"

"哈哈哈，你要背下来当然好，不过，如果你要是能跟着杰克逊教授去火山地带亲自体验一番，兴许能学到更多的自救方法。"卡尔

大叔像老朋友一样拍着杰克逊的肩膀。

"杰克逊教授，你经常去试验这些自救方案吗？"史小龙好奇地问。

杰克逊教授爽朗地笑了笑说："我可不是去试验自救方案，我是去活火山地带采集火山碎屑和熔岩样本，以此来研究活火山，从而达到预测火山喷发的目的。"

"太刺激了，我也想去！"史小龙更感兴趣了。

杰克逊苦笑着说："事实却不像你想象的那样好。火山学家可是最危险的行业之一，要知道，在采集样本的时候，我们很可能遇到冰山坍塌，而且我们随时都有可能遇到火山喷发。另外，在火山带，还常常有地震发生呢！"

大家立刻安静了下来，静静地倾听杰克逊教授讲述起阿拉斯加的另一种自然灾害——地震。

知识百宝箱

火山喷发的价值

　　火山喷发对人类来说虽然是危害，但也会为人们带来一些好处，比如那些火山资源会形成矿产，也会让土壤更加肥沃。此外，火山资源还会为我们的生活带来便利和乐趣。由于火山的喷发，地球上产生了许多自然奇观和地热资源等。

　　人们曾对卡迈特火山区的地热能进行过计算，那里有大量的蒸汽和热水喷口，一年内从地球内部带出的热量相当于燃烧600多万吨煤的能量。总之，火山虽然给人类带来了巨大灾害，但它并不是百害而无一利的。

第18章

"炸弹"上的繁华

107

就这样，孩子们将杰克逊教授围在了中间，认真地听他说起有关地震的事。杰克逊教授最先提到了阿留申群岛。

"我们去阿留申群岛看看吧！"杰克逊教授的提议得到了卡尔大叔一行人的支持，于是大家当天便搭上了去往阿留申群岛的轮船。

阿留申群岛横跨东经180°，所以它既是美国的最东边，也是美国的最西部。阿留申群岛位于太平洋北部，美国阿拉斯加州的西南，呈半圆形带状，断断续续自东向西延伸，全长约有2700千米。它地处环太平洋地震带，是一个火山和地震的多发地带。

杰克逊一边介绍一边拿出一张地图，指着地图上的阿拉斯加和阿留申群岛，说："它们像一轮上弦月，切断了北太平洋。阿留申群岛处于日本和远东通往北美、北欧最短的路途上，同时又是美俄之间距离最近的地方，所以它是美国的战略重地呢！"

福克斯、安德烈亚诺夫、四山、拉特和尼尔五组群岛共同组成了阿留申群岛。在这五组群岛中又包含了159个岛屿，虽然零零碎碎的，但是拼凑在一起，陆地总面积约18000平方千米，而居民却仅仅只有8000人，主要居住在乌纳拉斯卡、埃达克和谢米亚三个岛上。阿留申群岛的岛屿虽然很多，但是因为其中大部分都是火山岛，所以适合居住的却不多。

船经过乌尼马克的时候，杰克逊教授让水手将船靠岸，他指着辽阔的荒原说："这可是国家海洋野生动物保护区哦！"

　　保护区面积足有 11000 平方千米，包含了乌尼马克岛和阿图岛的广大区域。

　　大家下船上岛。在岛上，大家第一次亲眼看到了海獭和海豹，贪心的史小龙还萌生了将每种动物都带回去一只的想法。要不是海豹看起来凶神恶煞，史小龙说不定真的就付诸行动了。

　　离开保护区，他们又向阿留申群岛更远处航行。令秀芬十分惊讶的是，这一处在阿拉斯加西南地区的岛屿竟然"寸草不生"，没有生长任何树木，遍地只生长着苔藓和草甸，而且雾霭沉沉，秀芬诧异地问卡尔大叔："怎么这儿看起来像是荒原？"

卡尔大叔正色道："它本来就是荒原。这儿由于受阿拉斯加暖流的影响，冬季的气温比同纬度的地区要高，而且，四季温差也比较小，应该是植物的天堂，之所以'寸草不生'，主要是因为风太大了。"

"可是，为什么现在一点风都没有？"秀芬有些疑惑，可话刚说出口，一阵狂风就像洪水一样迎面而来，要不是卡尔大叔将她的胳膊抓住，她极有可能被这阵风给刮走了。她惊魂不定地拍了拍胸脯，心有余悸地说："果然好大的风啊！我们还是离开这儿吧？"

可是杰克逊教授并没有立刻掉头离开的意思，他让船带着大家去了居民较多的乌纳拉斯卡岛。一上岸，秀芬再次瞠目结舌，因为和刚刚荒凉的岛屿相比，这儿无疑是繁华的闹市。很远她就闻到了水产加工厂飘出的阵阵鱼腥味，她还看到一排排即将落成的码头正在紧张施工，捕鱼网和捕蟹笼堆积如山。千吨级的现代化渔轮在港湾里穿梭往来，远处的锚地

里，泊着万吨级货轮，推土机和打桩机的隆隆声交织在一起，空中则不时传来飞机的轰鸣声，这一切使这个城市看起来那么繁忙且繁华。

"这就是美国人，无所不能。"杰克逊教授不无自豪地说。可是瞬间，他的表情又变得凝重："可是，这些都是不牢固的，因为阿留申群岛本身就是个炸弹，说不准什么时候，就会来一场毁灭性的地震或者火山喷发，把现在的城市顷刻吞没。"

杰克逊教授并不是杞人忧天，在 1957 年和 1964 年，阿拉斯加州发生了两次特大地震，而这两次地震的主震区都在阿留申群岛。1957 年的地震唤醒了休眠长达 200 年的维塞维朵夫火山，它像一头从睡梦中醒来的暴戾的狮子，给当地带来了巨大的灾难，而且这次地震还引发了海啸，损失十分惨重。事实上，频繁的地震和众多的火山就是制约阿拉斯加经济发展的一个重要因素，一直困扰着美国政府。

"看来，阿留申群岛确实是个炸弹啊！"史小龙也像大人一样叹了口气。

杰克逊教授却突然显得轻松无比，他耸耸肩，笑着说："小伙子，欢迎到达地狱之门。"

史小龙听了，不禁一愣，不过，马上他就跟着卡尔大叔等人一起哈哈大笑起来，原来这就是传说中的美式幽默啊！

知识百宝箱

阿拉斯加大地震

　　阿拉斯加州位于环太平洋地震带上，是美国最容易发生地震的州。据统计，几乎每一年阿拉斯加州都会有一次 7 级大地震，每 14 年有一次 8 级以上的地震。1957 年 3 月 9 日，1964 年 3 月 28 日，1965 年 2 月 4 日发生的 3 次地震是这里经历过的最严重的三次地震。

　　地震会造成大规模的冰崩、山崩、地裂、泥石流、地滑、塌陷等，使铁路、公路、城镇、村庄均遭受严重破坏。一般大地震后，当年内会发生几百次余震，余震多发生在地面变形的地区。

113

第19章

大自然的魔术秀

到达费尔班克斯的时候，正好是午夜，就像当初到达阿拉斯加的安克雷奇一样，史小龙等人都无比兴奋。一路上，他们听卡尔大叔介绍着费尔班克斯。费尔班克斯是阿拉斯加的第二大城市，也是阿拉斯加最北端的城市。因为靠近北极圈，在费尔班克斯看到北极光的概率十分高。

　　和朱诺一样，费尔班克斯也是一个因为开采黄金而崛起的城市。1901 年以前，它只是一个默默无闻的小村，而随着附近的河谷发现黄金，大批淘金客从四面八方涌向这里，形成了 1849 年旧金山淘金热之后的又一淘金狂潮，这里也迅速扩张成一个新型的城市。

　　史小龙以为极光这种奇妙的景色平常很难看到，但是帅帅却告诉他说，在费尔班克斯，一年中有 200 多天可以看到极光，在这里看到极光的概率是最高的。

　　一下船，史小龙兴奋之情减少了许多，因为他虽然看到了满天

星辰，却没有看到北极光。

"你骗人。"在去旅馆的路上，他一直抱怨着，而帅帅则低头看着手中的资料，奇怪地嘀咕道："明明应该出现极光的啊！"

帅帅正在郁闷着，忽然听到秀芬惊奇地喊道："好美啊！"大家抬头向天空望去，本来安静的夜空，突然出现一条奇幻无比的彩带，这条奇幻的彩带还透露出绿色，并且出现了一团神奇的如同云彩一样的光晕，整个光晕呈现出蓝色、黄色和紫色，就像一条彩带在空中飘舞着。

本来冷清的街市一下子沸腾了。极光一会儿变成弧形，一会儿变成扇形，一会儿变成一道光柱直入天空，一会儿又像一股沙尘暴一样，它就像大自然的一个魔术，给人无以复加的震撼。

当一阵极光飞快地变幻着消失在空中的时候，史小龙的脖子已经酸了，他一低下头，忽然有一滴泪水从眼角悄悄滑落。他偷偷地擦掉眼泪，再看帅帅和秀芬，发现他们早就哭得稀里哗啦了。

卡尔大叔拍着他的肩膀说："其实，看到极光掉眼泪是再正常不过的了，每个第一次见到极光的人都会为造物主的这场魔术秀感到震撼，同时又会无比感动。"

　　史小龙红着眼圈说："你第一次见到极光的时候也流过泪吗？"

　　"当然，因为极光实在是太美了！"卡尔大叔赞叹道。

　　北极光确实很美，有时候，它会在夜幕中"嗖"的一下飞过去，而有时候，它就像表演烟花秀一般，在空中千变万化，有绿、黄、蓝、白、红等各种颜色的光，照亮整个夜空。实际上，极光最迷人之处不在于它本身色彩的美丽，而是每次让你看到的都不一样，永远会有惊奇。

　　极光一旦在星空现身，常会上演千变万化的造型秀，让人舍不得眨眼。有时候它就像条超级大的舞台布幔，从远处快速逼近，有时候

则像飞鸟一样在头顶上空飞舞旋转，甚至从相对方向的地表处各射出一道极光，在天顶中央会合后消失。有时候，它又像一群调皮的孩子，从天幕的中心，辐射向四周，就像光线在空中跳舞；变幻莫测的是它们的色彩，红的、绿的、粉的；极光就像是舞步一样，用大自然的纤纤玉手牵动着梦幻的薄纱，展现出优美的曲线，高雅华丽，但是绝不凌乱。

卡尔大叔的介绍使得秀芬的眼泪立刻停止了，她瞪着大眼睛，一脸茫然地问："这么美妙的极光，是怎么产生的呢？"

卡尔大叔早就知道秀芬会这么问，因此一下子将极光从产生到色彩不同的原因都告诉了秀芬。

事实上，极光一般只出现在高纬度地区，太阳风吹向地球磁场时，会与大气层相互作用，当太阳风的带电粒子撞击地球大气层中的原子和分子的时候，就会发出光彩，这种光就是极光。如果要追根溯源，极光从本质上说和太阳风密切相关。因为太阳在剧烈地活动着，会放射出无数微粒，这些微粒都

是带电的。当这些微粒进入地球磁场的范围时，就会受到影响，按照一定的规律进入到南北极附近的高空，再与空气中的其他物质发生碰撞，这样就产生了美丽的极光。

极光的颜色之所以绚丽多彩，是因为在高层大气中含有不同元素的气体，它们受轰击后所发出的光颜色不同，人们才能看到红、蓝、绿、紫相间的光线布满天空。

实际上，在极光没有得到科学解释之前，人们对于极光寄予了很多幻想。有人根据它的色彩，说它是地球外面燃烧起的大火；有人则异想天开地说它是夕阳西沉后反射过来的光芒。当然，幻想都是五花八门的，而科学解释是唯一。

秀芬听卡尔大叔这么说，喜形于色地宣布："那我回去以后每天晚上都等着看极光。"

卡尔大叔笑着说："在中国可是看不到这么美的极光的哦，极光并不是在哪里都能出现的。它最常出现在南北纬 67°附近的两个环状带区

南北纬 67°

域内，这两个区域分别称被作南极光区和北极光区。北半球以阿拉斯加、北加拿大、西伯利亚、格陵兰冰岛南端与挪威北海岸出现的较多，南半球则在南极洲附近出现的比较多。而且，它往往出现在 80 千米的高空中。在中国，也只有在漠河才能观测到极光。当然，全世界极光最美的地方就是费尔班克斯了，这里可有'极光之都'的称号。我们还是在这里看个够吧！"

"那我就不回去了，直接搬到阿拉斯加，天天享受极光。"秀芬一副不与极光同生死就誓不罢休的样子。

尤丝小姐摸着她的头说："真是傻丫头啊！极光可不是什么时候都能看到的，一般只有头一年的 11 月到第二年的 2 月才能看到。不过，在费尔班克斯，前后能延长一个月，也就是头一年的 10 月到第二年的 3 月。我们在这时候来正搭上末班车呢！还是好好看看就回国吧！"

尤丝小姐正说着，又听到了一阵欢呼声。她看向天空，只见又一场极光秀在空中上演了，她闭上嘴巴，神情专注地看着，不知不觉中，也流下了感动的泪。

这次旅行，是他们人生中一段美好的回忆。